AF354368

Ernst Weiß

Ernst Weiß: Autobiographische Werke
(Notizen über mich selbst + Reportage und Dichtung + Briefe + Anmerkung zum
dramatischen Schaffen und mehr)

e-artnow 2018

Erwin Rosen
Allen Gewalten zum Trotz (Autobiografie)

Jeremias Gotthelf
Der Bauernspiegel (Autobiografie)

Stefan Zweig
Die Welt von Gestern (Autobiografie)

Ernst Weiß
Gesammelte Literaturkritiken: Franz Kafka, die Tragödie eines Lebens + Thomas Mann, der Zauberberg + Giacomo Casanova + Ernest Hemingway + Rousseau + Cervantes zu Ehren + Kleist als Erzähler und mehr

Ernst Weiß
Ich - der Augenzeuge

Ernst Weiß

Ernst Weiß: Autobiographische Werke (Notizen über mich selbst + Reportage und Dichtung + Briefe + Anmerkung zum dramatischen Schaffen und mehr)

Bücher, die ungerecht behandelt wurden + Adliges Volk + Autobiographische Skizze + Warum haben Sie Prag verlassen? + Die Einwirkung der Kritik auf die Schaffenden

e-artnow, 2018
Kontakt: info@e-artnow.org
ISBN 978-80-273-1824-7

Inhaltsverzeichnis

Warum haben Sie Prag verlassen? — 11

Anmerkung zum dramatischen Schaffen — 12

Balzac als Romanfigur. Gespräch mit Ernst Weiss — 14

Reportage und Dichtung — 17

Adliges Volk — 18

Autobiographische Skizze — 20

Die Einwirkung der Kritik auf die Schaffenden — 22

Bücher, die ungerecht behandelt wurden — 23

Ernst Weiss, Die Feuerprobe [Selbstanzeige] — 24

Notizen über mich selbst — 25

An Willi Bredel — 30

An F. C. Weiskopf — 31

Warum haben Sie Prag verlassen?

Ich habe Prag vor einem Jahr verlassen. Ich habe in dieser Stadt meine liebsten Freunde, meine nächsten Verwandten. Ich danke viel dem Direktor des deutschen Theaters und seinem Dramaturgen. In Prag hatte ich vor allem das Bewußtsein, daß ich und meine Arbeit den Menschen nicht fremd sind. Die Menschen waren mir nicht fremd; wenn irgendwo, hatte ich hier heimatliches Gefühl. Die Stadt war meinem Schaffen günstig. Die eigentümliche Atmosphäre der Stadt, die Begegnung der Hügel mit der grenzenlosen Ebene, des ziehenden Flusses mit den ragenden Kathedralen, die engen Gassen und die weiten Gärten auf den Bergen, alles tat mir wohl. Trotzdem ergab sich mir die Notwendigkeit fortzugehen aus zweierlei Gründen: materiellen und geistigen.

Die materiellen liegen darin begründet, daß es einem deutschen Schriftsteller, dessen Werke in Deutschland erscheinen und in Mark bezahlt werden, in dem letzten Jahre unmöglich wird, in einem Lande mit höherer Valuta zu leben, und mag er seine Lebensansprüche noch so bescheiden stellen. Ich habe daher um Gastrecht in Deutschland gebeten und es in Berlin erhalten, wo man leben kann.

Über diesen materiellen Grund hinaus, der letzten Endes nie zwingend wäre, kommt ein anderer: daß ich, ohne Kenntnis der tschechischen Sprache, die jetzt noch zu erlernen ich nicht fähig bin, mir in Prag von Tag zu Tag mehr als Fremder, als Ausländer erschien. Selbst dies wäre zu ertragen gewesen, da ich in Prag einen Kreis mir sehr nahestehender Menschen gefunden habe. Da wirkte erschütternd im inneren, entscheidend im äußeren Leben, die Wegnahme des alten Landestheaters. Es war die einzige Bühne, die ich wirklich geliebt habe, sie war für mich etwas Unersetzliches.

Die Aufführungen Mozartscher Opern unter Zemlinsky, die Darstellungen von Dramen Wedekinds mit Rahel Sanzara bedeuteten Eindrücke, die nicht zu vergessen waren. Und nicht nur für mich allein. Nicht ich allein konnte nicht mehr an dem alten Hause vorbeigehen ohne ein Gefühl der Bitterkeit. Sentimentalität liegt mir im allgemeinen fern. Aber ich konnte nicht mehr in einer Stadt leben, wo solche Ereignisse möglich sind. Man muß atmen können. Das kann man nicht ohne Rechtsgefühl.

Anmerkung zum dramatischen Schaffen

Meine eigenen dramatischen Arbeiten »Tanja«, »Olympia« haben mich davon überzeugt, daß ich kein Dramatiker bin. Trotzdem diese Gestalten von ganz außerordentlich starken Persönlichkeiten auf der Bühne verkörpert worden sind, ist so viel Ungelöstes, Unvollkommenes geblieben, daß ich für mein Teil dem dramatischen Schaffen Adieu sagen will, mit der festen Überzeugung, daß dabei weder mir noch der Welt Schaden geschieht. Dieser Abschied von der Bühne gibt mir die Möglichkeit, eine ganz kleine, vielleicht an sich unbedeutende Beobachtung mitzuteilen, ohne mich dem Verdachte auszusetzen, pro domo zu sprechen.

Der dramatische Dichter lebt, wenn er heute lebt, in einer besonders schweren Zeit. Der Selbstauflösungsprozeß der jüdisch-christlichen Weltanschauung greift, nachdem er das europäische Staatengefüge bis auf die Wurzeln gelockert hat, auf die Kunst über; eine seit Menschengedenken unerhörte Entwertung hat alles ergriffen, was Menschen hoch, heilig, lebenswert erachteten, es kann sich kein Wille, auch kein revolutionärer, entfalten, weil eben nichts mehr zu wollen ist, und das ist, wie schon die alte Redensart »da ist nischt zu wollen« beweist, der äußerste Grad der Hoffnungslosigkeit. Ich sehe nicht den Untergang aller Kunst voraus, eher eine neue Blüte in der Richtung zum Schönen und Holden hin, aber eine neue Blüte dramatischer Produktion erscheint mir trotz so starker Ansätze wie Kaiser, Bronnen, Brecht kaum mehr zu erwarten. Um so mehr müßte ein jedes Schaffen für die Bühne mit besonderem Wohlwollen begleitet und mit besonderer Zartheit behütet werden. Wir sind heute nicht reich genug für lange Irrwege, die schließlich in günstigeren Zeiten zum Ziele geführt hätten. Wir haben keine Zeit. Entweder entsteht in den nächsten drei bis vier Jahren eine Produktion, die, von den großen Bühnen ausgehend, doch die meisten mittleren Bühnen noch erfaßt, oder der dramatische Dichter tritt, für länger oder kürzer, von der Bühne ab und überläßt diese dann andern Schaustellungen, die sich, wie gesagt, in den Bahnen des Schönen, Gefälligen, Zarten bewegen werden. Am nächsten kommen diesem Ideal die französischen Stücke der neueren Zeit, die sich wahrscheinlich, trotz der auch in Frankreich sehr fühlbaren Stagnation des dramatischen Schaffens, im Sinne des einfach Überlebenden, alle europäischen und amerikanischen Bühnen erobern werden.

Was die Franzosen zu dieser Leistung befähigt, ist nicht etwa ihre besondere Begabung fürs Drama, sondern ihre besondere Geschicklichkeit im Theatralischen. In dieser Richtung geht auch die kleine Bemerkung, die ich machen will. Alle neueren Stücke, ich will nicht Namen im einzelnen nennen, sind *wüst* gebaut. Oder *kühn* gebaut, kühner, als es der Augenblick erträgt. Nicht der Augenblick, gesehen von der Loge des gut bezahlenden Theaterabonnenten, sondern gesehen vom Manne der Zeit, der sich klar ist darüber, daß die Kühnheit, die einem Georg Büchner angemessen war, nun als viel zu weites Gewand über den allzu zarten Gliedern des dramatischen Dichters von 1924 schlottert. Büchner hatte noch etwas vor sich, um es zu stürzen, zu vernichten, und mehr als das, er konnte, dem Stürzenden gerade gegenüber, Gesicht gegen Gesicht, Faust gegen Faust, Wort gegen Wort, das Auferstehende, Lebenswerte aufbauen, ich möchte das so ausdrücken, er baute seine Stücke nicht horizontal, wie Goethe, dessen »Iphigenie« uns Deutschen ein unnachahmliches Muster darstellt, sondern er baute vertikal, so daß sich im selben Moment Spiel und Gegenspiel die theatralische Waage halten. Hier ist ihm auch Wedekind gefolgt. Beide bringen nicht den Menschen, sondern in jeder Sekunde die Spannungen zwischen den Menschen, deren Existenz von vornherein als sicher und echt vorausgesetzt wird. Solche Menschen, deren Existenz als sicher und echt in jedem Augenblick vorausgesetzt wird, fand der Naturalismus, als ein späteres Stadium des obenerwähnten, unheilvollen Entwertungsprozesses der jüdisch-christlichen Weltanschauung, nicht mehr von Hauptmann entwickelt durchaus horizontal, es sind menschliche Existenzen, die auf der Bühne stehen, freilich auch nicht ein Atom mehr als das. Von hier aus war ein Weg nicht mehr möglich. Der Naturalismus, der mit der starken, blühenden, überlebendigen Natur ohnehin nie viel gemein hatte, hat sich selbst erschöpft und seine eigene Leiche selbst begraben.

Wenn wir (ich meine mit diesem »wir« nicht mich) heute alle Kräfte sammeln, ist es nötig, sich über den Ort klar zu werden, wo sie anzusetzen haben. Und das scheint mir wichtig zu sein. Diese Kräfte sollen weder die (des Stützens bedürftige) Form, des Theaters sprengen, noch sollten sie die destruktiven Kräfte des Daseins überbetonen, da im Bewußtsein des Zuschauers nicht mehr genug Vitalität ist, um das Gegengewicht fest wiederherzustellen. Die kommende Zeit gehört den Kraftnaturen, das ist sicher.

Aber diese Kraftnaturen sollen bauen. Innen, am positiven Gehalt ihrer Schöpfung, die nicht reich genug sein kann, aber auch ganz besonders außen an der Form. Und hier ist es der *erste* Akt, wo eine neue Dramaturgie einsetzen muß. Hier habe ich auch von meinen eigenen Fehlern gelernt. Der erste Akt als *Explosion* ist nicht mehr möglich. Unter diesem Grundfehler leidet die gesamte dramatische Produktion, nicht nur die deutsche, sondern auch die amerikanische, wie ich an O'Neills »Kaiser Jones« mit großem Bedauern gesehen habe. Bringt man im ersten Akt Explosion statt Exposition, das heißt, stellt man die waltenden Kräfte und Gegenkräfte schon im äußersten Augenblick des zerstörenden Zusammenpralles dar, aus dem nur Trümmer bleiben können, wenn er echt war – und die Echtheit, die innere Ehrlichkeit ist doch allein überzeugend –, dann bleibt für die späteren Akte nur Traumgespinst, rotierender Urnebel und ein ewiges *Vorbei,* das an dem Lauf der Planeten und Fixsterne fern und ferner wird als die Sterne, die außer ihrem ewigen Vorübergleiten noch den Zauber reiner Schönheit haben, den unsere in der Explosion verstümmelten Reste und Bruchstücke nicht besitzen können. Wie herrlich läßt Wedekind seine Lulu *leben,* bevor er sie in der Mansarde, im letzten Elende, von einem Lustmörder vernichten läßt, und selbst in dieser fürchterlichsten aller Situationen darf der Explosion alles, nur nicht der Grundkern dieser unerhört lebenstrotzenden Erscheinung zum Opfer fallen; ja, wenn man diese Szene so auf der Bühne gesehen hat, wie mir das Glück zuteil geworden ist, so fühlt man, nie ist Lulu so sehr Lulu als in diesem Augenblick. Wie sich Wedekind in seinen anderen Dramen die dramaturgische Lösung leicht- oder schwergemacht hat, gehört im einzelnen nicht hierher. Es sei nur gesagt, daß es eine höhere Probe von Kraft, ein Beweis eines stärkeren und göttlicheren Schöpferhauches ist, seine Gestalt in ruhiger Exposition langsam liebevoll, alles begreifend, alles umfassend zu bilden, als in den ersten Szenen das Liebenswerte mit dem Vernichtungswürdigen zugleich, im lärmenden Himmel und Hölle aufrührenden Zweikampf sich vernichten zu lassen.

Balzac als Romanfigur. Gespräch mit Ernst Weiss

– in. »Am 18. August«, sagte ich zu dem Dichter der »Tiere in Ketten«, nachdem er mich in sein Arbeitszimmer geleitet hatte, »am 18. August feiert die Welt den fünfundsiebzigsten Todestag Balzacs. Vor einigen Monaten haben Sie selbst einen Balzac-Roman veröffentlicht. Gewiß ein zufälliges Zusammentreffen. Doch wir können es als einen doppelten Vorwand benutzen...«

»Sie betrachten mich wohl als Balzac-Autorität? Das bin ich ganz und gar nicht.«

»Das weiß ich sehr wohl. – Sie sind ein Dichter. Ich bin gekommen, den Dichter zu hören; denn ich glaube, daß der kritische Geist aus drei Quellen sich erneuert: aus den Werken selbst, aus den Begriffen und aus der Eigenvorstellung der Autoren. Der Kritiker soll eine Meinung über Bücher zuweilen auch mit der Meinung der Autoren selbst konfrontieren; zumal wenn es sich um ein so problematisches Buch handelt wie Ihre ›Männer in der Nacht‹.«

»Sie finden das Buch problematisch?«

»Es regt zu Fragestellungen an.«

»Und Sie möchten wissen, wie ich dazu gekommen bin, einen sozusagen historischen Roman zu schreiben?«

»Das ist mir ziemlich klar. Balzac war mehr als ein Schriftsteller – eine Natur. Er ist so lebensstrotzend, daß er, noch nach seinem Tode, einen Roman zu bevölkern vermag. Er zeugt, über sein eigenes Werk hinaus, wiederum Romane. Ist es so?«

»Ein Autor weiß das rational nie. Ich wollte ursprünglich etwas ganz anderes schreiben.«

»Einen anderen Roman?«

»Einen anderen Balzac-Roman.«

»Da haben wir es ja! Sie *mußten* einen Balzac-Roman schreiben, das Objekt ist mit seiner Ratio zu *Ihnen* gekommen.«

»Ja, das mag sein.«

»Um welche zentrale Idee haben Sie zu kristallisieren begonnen?«

»Ich wollte das Leben als Donquichotterie schildern. Cuvier, um nur ein Beispiel zu nennen, war ein Mann, der Positives leistete; Napoleon ein Mann, der ebensoviel leistete wie zerstörte. Balzac befindet sich in der Mitte zwischen Leistung und Zerstörung. Er schuf das Gegebene für seine Zwecke um. Er verlieh der Wahrheit ein anderes Gesicht, das sie nicht trug. Er machte seinen Irrtum fruchtbar?«

»Wieso den Irrtum? Was dem Wissenschaftler die Wahrheit ist, das ist dem Künstler – die Gestaltung.«

»Balzacs Donquichotterie liegt weniger in seiner künstlerischen Arbeitsweise als in seiner Einstellung zum Leben. Er sah das Leben anders als es war. Er lebte in der Mitte zwischen Vorstellung und Wirklichkeit, wie zwischen zwei unversöhnten Welten.«

»Ich verstehe: Sie meinen, Balzac als Menschen?«

»Gewiß, den Menschen habe ich zu gestalten versucht.«

»Aus dem Kristallisationspunkt heraus, der in Ihnen allmählich gewachsen war und sich zum Kreis erweitert hatte?« »Ja, die Gestaltung ist für mich der Weg zur Klarheit. Die primäre Vorstellung ist die Nebelhülle, aus der die Welt eines Romans entsteht.«

»Ich sehe zwei Quellen: Vorstellung und Realität. Sie haben die Realität, ich meine die vorliegenden Dokumente, mit verwandt?«

»Ja, um der Vorstellung einen Körper zu geben.«

»Kennen Sie das Buch von Bouchardon über die Affäre Peytel?«

»Nein, ich habe absichtlich nur die einschlägigen Stellen aus dem Briefwechsel benutzt, dazu die Akten aus dem Pitaval und mehrere Balzac-Biographien. Der Schriftsteller hat das Recht dazu.«

»Wenn man Ihr Buch aufmerksam liest, scheint manches übersetzt.«

»Das sind die Nachteile, die man in Kauf nehmen muß, wenn man eine historische Figur zum Vorwurf nimmt. Die Dokumente schimmern zuweilen hindurch.«

»Was mich an Ihrem Roman ganz besonders fesselte, war der Einschlag von Energie. In Ihren ›Männern in der Nacht‹ gestalten Sie nicht das Leben unter dem Zeichen der Liebe, sondern das Leben unter dem Zeichen der Energie. Der Prototyp aller Romane der Energie war ›Rot und Schwarz‹. Es gibt in Deutschland merkwürdigerweise fast kein einziges Buch dieser Art.«

»Ja, Sie haben recht. Doch beides, Donquichotterie und Energie, ist verwandt und fließt zusammen. Die Energie des *Menschen* Balzac bestand darin, daß er der Wahrheit mit Energie aus dem Wege ging. In seinem Leben machte er aus Wirklichem – Phantasie, genauso wie er, in seinen Büchern, aus Phantasie – lebendige Wirklichkeit machte. Das ist dasselbe. Es tritt ein unbändiger Wille hinzu, eine starke praktische Aktivität.«

»Im klassischen Energieroman gehen die Willensmenschen fast regelmäßig zugrunde, Julien Sorel geht zugrunde...«

»Ja, es muß wohl so sein. Auch in meinem Roman verpufft Balzacs Energie. Sein ungeheuerer Wille reichte wohl zur dichterischen Gestaltung – nicht zur Bewältigung des Lebens. Nur in der Dichtung triumphierte er...«

»Während auch er, bezeichnenderweise, seine erdichteten Gestalten meist zugrunde gehen läßt...«

»Wie er es dem Leben, und nicht zuletzt dem eigenen, abgesehen hatte.«

»Sie haben, wie mir scheint, die kennzeichnende Wendung von Osten nach Westen, von Dostojewski zu Balzac mitgemacht. Ihre ›Männer in der Nacht‹ sind, von den Schlußkapiteln abgesehen, Ihr lateinischstes Buch. Haben Sie diese Wendung von Osten nach Westen ganz bewußt vollzogen? Wollen Sie dabei bleiben?«

»Ich weiß nicht. Ich strebe eher eine Synthese an. Die *Seelenanalyse* Dostojewskis ist eine letzte Spitze, die nicht zu verfeinern ist.«

»Gewiß nicht in Ihrer *eigenen* Richtung. Das Beispiel von Marcel Proust hat uns jedoch gelehrt, daß die Möglichkeit einer solchen Verfeinerung gegeben ist.«

»Vielleicht ... Dostojewski kennt keine Landschaft, keine Natur, keine Tiere, kein in sich ruhendes, auf Jahre hinaus schmerzlos verteiltes, kein produktiv wirkendes Dasein – keinen Frieden. Auch das gehört zur Welt. Es gibt große Seelenbereiche, die ganz außerhalb der Leidenschaft liegen. Die fieberhafte Überhitzung ist nicht die einzige epische Methode. Die Epik bedarf auch jener anderen Bezirke und ihres beruhigten Atems. Eine solche Synthese schwebt mir vor. Sie ist erreicht in den ›Wahlverwandtschaften‹ Goethes, in den großen, ganz zusammengedrängten, bis ins letzte erfüllten, vollendet schönen Erzählungen Adalbert Stifters. Ich möchte nicht die epischen Erzähler gegen die dramatischen Erzähler ausspielen. Was sie beide, hier Goethe und Stifter, dort Dostojewski und Kleist, auf Menschengedenken und für alle Nationen gültig macht, ist ihre innere Wahrheit, und diese innere Wahrheit, gleich, ob aus Intuition oder aus Beobachtung, gleich, ob mühsam erkämpft oder mühelos zufließend, nennt man Genie.«

»Sie wollen den epischen Fluß nach dem expressionistischen Sturzbad?«

»Ja. So wie ich für mein persönliches Leben Frieden ersehne, möchte ich in meinen Werken Frieden.«

»Ich fand, von Balzac aus gesehen, die Komposition Ihres letzten Buches im ganzen vortrefflich, doch von dem Mörder Peytel aus gesehen, weniger zwingend. Ich weiß nicht, weshalb ich dazu neigte, das Buch mehr von Peytel aus zu sehen. – Ist aber das Napoleon-Kapitel nicht eher eine virtuose Sonderleistung?«

»Die Epoche bis weit über Balzac hinaus kann ohne Napoleon nicht gedacht werden. Insofern scheint mir das Kapitel am Platz.«

»Ja, ich verstehe jetzt die Eigenart Ihrer Komposition. Sie hielten sich nicht an die organische Ordnung eines folgerichtig in sich laufenden Romans. Sie haben Stoffmassen gegeneinander geordnet. Deshalb haben Sie nicht *einen* Helden, sondern deren drei: Napoleon, den Notar Peytel, schließlich Balzac in Ihren Roman hineingenommen. Die Komposition besteht also im Gleichgewicht der Stoffmassen?«

»Ja, Komposition bedeutet für mich nicht ein mathematisch folgerichtiges Entwickeln von Tatsachen, sondern ein von innen heraus gestaltetes menschliches Schicksal, eine mit allen Sinnen bis in die Erdkrume erlebte Landschaft. Hingabe an den Stoff und, aus dem Einzelschicksal, Hingabe an die Universalität der Welt, das ist mein *Ideal*, mehr als ein für mich erreichbares Ziel. Eine andere Möglichkeit ist der Weg des mit Recht verehrten Marcel Proust, Mikroskopie des Gefühls, Auflösung der Welt in Atome, die in sich wieder ein Sonnensystem bilden.«

»Sie setzen an Stelle der Analyse den Mythus? Ich nehme in Ihren Büchern von ›Nahar‹ bis zu ›Daniel‹ und ›Hodin‹ einen mythischen Zug wahr?«

»Über meine Produktion kann ich verstandesmäßig nicht gut sprechen. Ich muß unbewußt arbeiten. Ich trage etwas in mir herum, es wächst im Schlaf. Die bewußte Arbeit gilt der Form.«

»Jetzt verstehe ich endlich, was ich bis jetzt nicht zu begreifen vermochte – weshalb Ihr Schlafzimmer viel größer sein muß als Ihr Arbeitsraum.«

»Wieso?«

»Sie sagten es selbst: Es wächst im Schlaf. Ihr Unbewußtes, das schlafend produziert, braucht mehr Raum als Ihr wacher Geist, der bloß die Aufgabe hat, das zwingend Erlebte in eine ebenso zwingende Form zu pressen.«

»Es mag sein…«

»Gehen Sie ganz in Ihrem künstlerischen Beruf auf?«

»Ich war zehn Jahre lang Chirurg, Schüler von Theodor Kocher in Bern und Volontärassistent in Berlin bei August Bier, den ich tief verehre. Diese Berufsjahre sind meines Erachtens für einen Schriftsteller sehr wertvoll, besonders in den Werdejahren. Man gewinnt einen Kontakt mit dem Leben, den die Kunst nie bieten kann.«

»Was verdanken Sie Ihrem früheren Beruf?«

»Die beschreibende Liebe zum Objekt, die Fähigkeit zur Diagnose, die Freude am Entschluß, die Kraft zur Durchführung im notwendigen Augenblick. Die Chirurgie ist eine große Schule für den Künstler. Sie ist keine präzise Wissenschaft, sie ist selbst eine Kunst, eine magische Kunst.«

Reportage und Dichtung

1. Von jeher haben Zeitungen als Materialsammlungen außerordentlichen Wert als Stoffquellen gehabt, denn Zeitgeschichte ist aktuelle Weltgeschichte. Formal können aber Zeitungen nicht als unbedingte Muster der Sachlichkeit gelten; der Reporter eines französischen Blattes reportiert anders als ein deutscher, ein politisch linksgerichteter anders als ein reaktionärer. Als Muster der Sachlichkeit sind immer noch unübertroffen alte Reisebeschreibungen, zum Beispiel Cooks Beschreibungen seiner Weltumseglungen, ferner die meisten wissenschaftlichen Abhandlungen über physikalische oder naturwissenschaftliche Themen. Meisterhaft und für mich persönlich die einzige Schule waren die wissenschaftlich medizinischen Krankenbeschreibungen und Schilderungen abnormer Körpervorgänge durch meinen verehrten Lehrer, den Chirurgen Theodor Kocher in Bern. Dadurch, daß er sich nur an die Sache hielt, aber das Letzte aus der Sache zu ergründen suchte, nämlich den lebendig wirkenden Grund für die in möglichst einfachen Worten zu fassenden Tatsachen, Farben, Konturen, Bewegungsrhythmen, Gerüche, Tastempfindungen etc. – dadurch, daß er Wahrheit, Treue und Einfachheit am höchsten schätzte, konnte er ein Meister und ein Lehrer sein mehr als der Reporter. Er sah und schilderte nur kranke und gesunde Körper. Aber durch ihn lernte ich, soweit man lernen kann, sehen und schildern überhaupt, und Erkennen, sei es nun Körper oder Seele, Ruhe oder Bewegung.

Zusammenfassend: Zeitungen sind unschätzbar als Material für einen Schriftsteller mit viel Phantasie und großer Produktionskraft. Andere Naturen werden durch die ungeordneten Tatsachen erdrückt, überwältigt, banalisiert. Formal sind Zeitungen kein Muster.

2. Wer aktuell bleiben und eine große Wirkung auf seine Zeit ausüben will, kann heute die Zeitung, das stärkste, universalste Mittel menschlicher Verständigung, nicht entbehren. Die dauernden und vielleicht auch die edleren Wirkungen gehen aber vom Buche aus.

Adliges Volk

Es ist sehr schwer, als Jude zu dem Problem des Judenhasses Stellung zu nehmen. Kann denn der als Jude Gehaßte seine Stellung ändern, kann er »sich an die Stelle« seines Hassers versetzen und sich selbst gerecht werden? Soll man den Antisemitismus, wenn er einem begegnet, persönlich auffassen oder ihn einfach auf die Zugehörigkeit zu diesem fast unmeßbar weiten, mitten in einer unabsehbaren Entwicklung stehenden Volke der Juden zurückführen? Persönlich darf man den Antisemitismus wohl nicht fassen; ich muß mich nur insoweit vom Judenhaß getroffen fühlen, als er nicht mir persönlich gilt, also kein Anti-Ernst-Weiß-ismus ist, sondern nur dem »spezifisch Jüdischen« in mir gilt. Was ist aber das spezifisch Jüdische? Wer will das von meinen »persönlichen« Eigenschaften trennen? Soviel Fragen, soviel Probleme, kaum in Worten richtig faßbare, geschweige denn lösbare. Muß man aber angesichts dieser unlösbaren Probleme, für die zwischen den kämpfenden Parteien selbst die formale Verständigungsmöglichkeit fehlt, passiv bleiben, den Judenhaß tatenlos hinnehmen als die Schattenseite eines ungeheuren Ruhmes, den der Jude tatsächlich genießt? Denn für mich steht fest, daß der Antisemitismus, wie jeder Haß, rühmlich ist; nicht ungehaßt lebt ein Volk, eine Gemeinschaft von Menschen ein auch in seinen Fehlern exemplarisches Dasein, nicht ungehaßt drückt es seinen Stempel, scheinbar ohne es zu wollen, säkularen Zeiträumen auf.

Soviel scheint festzustehen, daß man den Judenhaß nicht persönlich nehmen darf. Wo zeigt er sich aber deutlicher als im Persönlichen, jetzt, da die Grundgesetze aller zivilisierten Staaten »den Juden als Staatsbürger garantieren«? Darf aber ein Volk von so adliger Vergangenheit wie das jüdische um persönliche Gegenliebe betteln? Darf man sagen, wir sind liebenswerter als ihr, die ihr uns abweist, wissend? Wir sind bessere Bürger des Staates, haben einen größeren Prozentsatz an geistig hochstehenden, einen kleineren an moralisch tiefstehenden Menschen? Liebt uns, und zum Danke dafür wollen wir noch bessere Gäste werden, uns noch dankbarer für die gewährte Lebensweide zeigen. Dies ist nicht möglich, oder wenn es möglich ist, nicht anzustreben. Gewiß: die Stellung der jüdischen, der sippenhaften, blutverbundenen Gemeinschaft in einem fremden Lande ist problematisch, sie muß qualvoll sein und das Dasein oft schwerer, wenn auch oft heroischer machen. Ich kann verstehen, daß ein so uraltes Volk wie das jüdische oft Sehnsucht nach Harmonie hat, daß es in Frieden und ohne Konflikte dahinleben möchte, daß es sich ausruhen und lieber auf viele Leidenschaft verzichten möchte, statt daß es den Haß, den Widerstand und die Abwehr auf sich nimmt. Dies aber widerspricht dem, was dem jüdischen Volke eigen war und ist: dem heroischen Grundzug, sagen wir dem aristokratischen – es widerstrebt der exklusiven, eigenen Überzeugung von seiner Berufung, das heißt, von seinem gottgewollten Adel. Berechtigt oder nicht, fundiert oder nicht, dieser Adelsstolz ist da, und wenn sich viele Juden über die Mauer beklagen, die der Antisemitismus gegen sie aufbauen will, ist ihnen nicht bewußt, daß solche Mauern, und nicht niedrigere, von den Juden selbst mit jedem Tage neu aufgebaut werden, da sie sich nicht vermischen wollen noch werden, da sie sich behaupten, da sie ihr Blut »rein halten« wollen, da sie sich abschließen gegen die Masse, da sie ihren Namen behalten wollen, da sie der Tradition untreu zu werden als Niedrigkeit ansehen, mit einem Wort, da sie sich ihres Adels bewußt sind wie nur je ein adeliges Geschlecht, das seine Ahnen bis in die Zeit der Kreuzzüge verfolgen kann. Dies ist ja sehr natürlich. Welches Volk würde nicht adelsstolz, wenn man die Stammesgeschichte seiner Ahnen, von Abraham und den großen Fürsten Judas, den Baronen und Schwerthelden, bis zu den Weltherrschern wie Salomo, wenn man die Adelslisten seines Geschlechtes selbst in den entlegensten Orten der Erde schon den Kindern einprägte. Immerhin, es ist unser Blut, und unser bleibt es.

Daß wir, dieses uradelige Volk, auch noch den Schöpfer der am weitesten verbreiteten Religion aus unserm Kreise vortreten sehen in die Welt, daß die Welt ihren geistigen und moralischen Beherrscher, eben Jesus Christus, aus unserm Kreise hinaustreten sieht zur täglichen und scheinbar ewigen Weltherrschaft, das ist für uns kein Grund des Stolzes mehr, aber für die andern vielleicht ein Grund zur Demütigung. Es ist zuviel, oder es scheint zuviel. Vielleicht verlangt man von uns und hat dies schon vor zweitausend Jahren verlangt, daß ein Volk, nachdem es so

Großes vollbracht, endlich von der welthistorischen Bühne abtreten solle. Denn nach solchen Taten und Tagen müsse es entweder allein herrschen über den bewohnten Erdkreis oder verschwinden und bloß noch die Runen seines Seins in die Geschichtstafeln eingegraben lassen. Vielleicht wäre das Untergehen des Judentums im Nazarenischen ein ästhetisch schöner Anblick gewesen, wie der des sterbenden Paradiesvogels, der der Sage nach brennend aus seinem Neste auffliegt, nachdem er einen neuen Phönix geboren. Zwingen kann man kein Volk zu solch einem Flammentode.

Wie aber unser praktisches Verhalten jetzt? Die Verachtung hinnehmen und mit noch tieferer Verachtung erwidern? Oder den Antisemitismus bekämpfen, indem man das Judentum propagiert? Wie in jedem Falle unterscheiden, ob der Widerstand mir persönlich gilt oder dem spezifisch Jüdischen? Mir scheint nur eine Möglichkeit durchführbar. Sehen wir von uns persönlich ab! Nicht nur persönlich absehen von dem Ernst Weiß, der gerade hier davon spricht, sondern sogar absehen von dem »persönlichen« Kampfe für das Judentum, für das spezifische Volk, für die spezifische Gemeinschaft. Wenn es Kampf geben muß (und es muß ihn geben, scheint mir), dann führen wir ihn als Minorität. Ich bin mit meinem ganzen Herzen auf Seite der Minderheit. Es geht dies so weit, daß ich innerhalb der Grenzen der Tschechoslowakei, wo den Deutschen als Minderheit viel Unrecht zugefügt wird, anders mich für »das Deutsche« einsetze als jenseits der Grenze, wo die eben Unterdrückten selbst zu Unterdrückern werden »kraft ihrer Majorität«. Die Minorität hat stets meine ganze Sympathie. Ich möchte gegen den Antisemitismus kämpfen, soweit er mit dem Recht der Masse sich gegen die Minderheit wendet. Ich glaube, daß wir in diesem Sinne dem Jüdischen tief treu bleiben. Denn eine Minderheit waren wir und sind wir. Wir werden vielleicht einmal verschwinden, nie aber verschwinden in der Masse wie »Sand am Meere«. Schwerthelden, Geisteshelden, Handelshelden selbst, aber nie ungeformte, unformbare Masse, rinnender gleichartiger Staub. Dies unsere Ehre, unsere Schuld, Fluch und Segen zugleich wie jede echte Berufung.

Autobiographische Skizze

Ich bin in Brünn geboren.

Immer habe ich diese Stadt geliebt. In den letzten Jahren bin ich stets nur nach Brunn gekommen, um die alten Häuser wiederzusehen und um mich zwischen ihnen als Kind und als Junge zu fühlen, der hier zur Schule gegangen ist, und um von früh bis in die Nacht hinein durch die Wälder um Blansko zu streifen, mit dem Gefühl der Lebensfreude und mit dem schweren, würzigen Gefühl der Jugend auf den Lippen. Ich glaube, daß es heute – 1927 – hier längst keine solchen Wälder mehr gibt, ganz abgesehen von der herrlichen Einsamkeit. Ich liebte nicht nur diese Wälder, sondern auch die Felder entlang der Nordbahn, die kleinen Orte im Rübenland, die Gegend der Kohlengruben um Rossitz und dazu eine Reihe kleiner Fabrikdörfer, die heute zu Groß-Brünn gehören – all das kenne ich gut, aber es liegt bereits hinter mir wie ein schweigendes, ausklingendes, bis auf den Grund erschöpftes Leben.

Nachdem ich am sogenannten Zweiten Staatsgymnasium mit größter Benevolenz aller meiner Lehrer die Reifeprüfung abgelegt hatte, ging ich nach Wien, um dort Medizin zu studieren. Ich wollte weder Dichter noch Denker, noch Mathematiker werden (die Mathematik reizte mich immer – sie ist ungeheuer phantastisch), sondern wollte nur ein guter durchschnittlicher Bürger sein, und das konnte ich am besten in einem bürgerlichen Beruf. Mein älterer Bruder war Jurist (er ist jetzt Professor an der Prager Universität), und deshalb wurde ich – mehr aus Mutwillen und aus Laune – Mediziner.

Von den medizinischen Fächern lockte mich am meisten die Chirurgie. Es ist ein Beruf, der einen sich außerordentlich beherrschenden, technisch geschickten, körperlich besonders starken und ausdauernden Menschen verlangt. Wenn wir diese Disziplin ernst nehmen – und wir müssen sie ernst nehmen –, fordert sie einen Übermenschen, der ich nie war und trotz all meines Willens und meiner Energie nie werden konnte. Trotzdem hat mir das medizinische Studium, und besonders die Chirurgie, sehr gefallen. Während meiner Assistentenjahre (bei Professor Kocher in Bern und bei Geheimrat Bier in Berlin) habe ich meinen Beruf mit maßloser Liebe und ziemlich befriedigendem Erfolg ausgeübt. Meine Technik ist nie unter den Durchschnitt gesunken, und meine ziemlich gelehrte Diagnostik war mir immer eine gute Hilfe.

Im Jahre 1911 kehrte ich nach Wien zurück, weil ich all mein Geld während meiner schlecht bezahlten Assistentenjahre verbraucht hatte, ging dort an die Klinik und wollte mit Medizin Geld verdienen lernen. Aber ich lernte es nie, und die Medizin wurde für mich nie zu einer Geldquelle. Ich lebte in sehr schlimmen Verhältnissen, und als erwachsener Mensch mußte ich noch meine Verwandten um Unterstützung bitten – jetzt wo ich mit Arbeit überlastet war, wo ich täglich zwölf Stunden am Operationstisch und im Krankenhaus verbringen mußte.

Ich hatte damals schon meinen ersten Roman »Die Galeere« geschrieben, glaubte aber nicht, daß er je gedruckt werden könnte, obwohl mich Freunde, zum Beispiel der Schriftsteller Richard A. Bermann, sehr aufmunterten und alles mögliche taten. Für vieles bin ich auch dem Dichter Albert Ehrenstein dankbar. Ich muß überhaupt sagen, daß ich in meinem Leben sehr viel Hilfsbereitschaft gefunden habe und daß die meisten Menschen besser waren als ich, aber auch unzufriedener ... In dieser Zeit, da von dreiundzwanzig Verlegern kein einziger mein Buch annehmen wollte, ich in meinem ärztlichen Beruf mit jedem Tage die Abnahme meiner Kräfte fühlte – entschloß ich mich, um mein Leben zu retten, oder das, was davon noch übrig war, den Beruf, an dem ich mit allem hing, dem ich aber doch nicht gewachsen war, aufzugeben, den Lebenskampf in der Literatur aufzunehmen und mich mit allen Kräften gegen den. Untergang zu wehren. Ich hatte nicht die Mittel, meine stark angegriffene Lunge in einem Luftkurort auszuheilen, aber Freunde verschafften mir eine Stelle als Schiffsarzt auf dem Schiffe »Austria« des österreichischen Lloyd, mit dem ich über Port Said nach Indien und Japan reisen sollte. Kurz vor der Abreise erhielt ich die Nachricht, daß die vier größten Verleger Deutschlands: Fischer, Wolff, Müller, Rütten & Loening, mein Buch, das sie vorher durch drei Jahre abgelehnt hatten, jetzt gleichzeitig annahmen. Ich wählte Fischer und fand nach meiner Rückkehr das Buch gedruckt.

Als Autor fand ich sofort eine Reihe von Sympathien – Franz Kafka war mein Freund – und auch künstlerischen Erfolg. Aber bis zum Kriegsausbruch mußte ich hungern, denn mein Verleger vertraute mir nicht besonders, was ich ihm nicht im Bösen nachsagen will, denn ich hatte nie den Ruf eines großen Schriftstellers. Ich konnte jedoch ununterbrochen arbeiten, was mir als Chirurgen nicht möglich war, und so hatte ich noch vor 1914 einen neuen Roman fertig und drei weitere skizziert.

Als der Krieg ausbrach, erkannte ich gleich, daß man jetzt keine Dichter, sondern Ärzte brauchte. Ich hatte die Möglichkeit, nach Dänemark zu fliehen, blieb aber und meldete mich sofort bei meinem Regiment in Linz. Ich machte den ganzen Krieg als Arzt mit, erhielt zwar keine Auszeichnung, konnte aber dafür zweimal bei meiner Einheit mit Erfolg die Cholera und einmal den Flecktyphus bewältigen. Obzwar ich eine langjährige chirurgische Praxis hatte, durfte ich beim Militär nicht operieren. Ansonsten avancierte ich ziemlich schnell. Bei Kriegsende war ich in Beneschau, und ich bin stolz darauf, daß mich die Tschechen nach dem Umsturz genauso achteten wie vorher. Sie zahlten mir sogar den Sold bis 1919 und boten mir an, in ihre Armee einzutreten, obzwar ich kein Wort Tschechisch kann.

Ich sah, daß die Soldaten – gleich ob Tschechen oder Deutsche – dankbar waren, wenn man mit ihnen wie mit seinesgleichen umging. Wenn ich ihre Wünsche nicht immer erfüllen konnte, sahen sie es ein, und so lebten wir in gutem Einvernehmen, und ich mußte niemals jemanden bestrafen oder anschreien. Die meisten waren vernünftigen Gründen zugänglich. Mir persönlich gelang es nie, den Unterschied zwischen dem Dienstrang eines Generalarztes und dem eines Sanitätsgefreiten militärisch zu begreifen, denn ich sah, daß beide eine gleich wichtige Funktion ausüben. Dafür waren wir zwar nicht die Generale, jedoch die Mannschaften dankbar. So manches, was man sich wünschte, ließ sich aber in den letzten Jahren meiner militärischen Tätigkeit nicht verwirklichen, da nicht genug Zeit war, und was übrigblieb, waren nur Vorschriften, die sich nicht ausführen ließen.

Es war ein großes Elend. Nach dem Umsturz fuhr ich nach Deutschland. Später lebte ich in Prag, wo die unvergeßliche Schauspielerin Rahel Sanzara im schönen Ständetheater mein Stück »Tanja« spielte, und zwar mit außerordentlichem Erfolg. Aber damit ich nicht zu stolz werde, wurde das Stück drei Monate später in Wien gespielt und – nach dem Erfolg der ersten zwei Akte – ausgezischt. Ich sah in meiner Blindheit nichts von diesem Theaterskandal und ging am Schluß lächelnd auf die Bühne, um zu danken. Aber ich wurde ausgepfiffen und ausgezischt. Ich erstarrte, machte kehrt und zeigte den Leuten den Rücken. Es war sehr interessant und lehrreich. Die Kritik, die mich in Prag gelobt hatte, schmähte mich in Wien, so daß von mir nichts übrigblieb, und ich kam nur mit dem nackten Leben vom Ort meines Unglücks davon.

So endete mein Ruhm als Dramatiker. Ich lebe jetzt in Berlin und schreibe Romane. Ob das viel ist oder wenig, weiß ich nicht, aber auf jeden Fall ist es alles.

Die Einwirkung der Kritik auf die Schaffenden

Es ist natürlich sicher, daß die Wirkung irgendeines epischen Werkes durch die Kritik der Tageszeitungen erst für einen größeren Kreis ermöglicht wird.

Mir persönlich ist es wichtiger, eine ausführliche Besprechung, selbst wenn sie mit Einwänden gegen mich und meine Arbeit verbunden ist, in den Zeitungen zu lesen, als ein noch so enthusiastisches, aber nur summarisches Lob.

Es kommt zwar immer wieder vor, daß große Bucherfolge sich ganz ohne Mitwirkung der Presse vollziehen, und ich habe sogar den Eindruck, daß oft das Publikum ein feineres Gefühl hat für das wirklich Echte und Packende und daß dann erst in zweiter Linie die Kritik dem Publikum erklärt, warum ihm ein Werk gefällt, nachdem das Publikum sich schon von vornherein für das Werk oder den Autor erklärt hat.

Für den Autor können die ganz privaten Äußerungen eines Kritikers oder eines anderen Schaffenden viel wichtiger werden. In den letzten Jahren hat sich in besonders rühmenswerter Weise Thomas Mann mit vielen Erscheinungen der Literatur gerade der jüngeren Generation beschäftigt, die sonst nicht im Mittelpunkt des Interesses standen, und ich bin überzeugt, daß seine Briefe oder Äußerungen vielen Autoren etwas Wichtiges gegeben haben.

Die berufsmäßige Kritik neigt sehr dazu, zwischen Prominenten und Nichtprominenten zu unterscheiden. Eine andere Schwäche der Kritik ist, daß sich die Besprechung immer nur um das einzelne Werk und nur selten um das gesamte Schaffen dreht, und gerade dies wäre doch für den Autor sehr wichtig.

Als idealen Kritiker habe ich den früh verstorbenen Moritz Heimann in Erinnerung. Er war der einzige, der mir vorwärts geholfen hat und der meine Arbeiten als etwas Organisches betrachtet hat. Mehr als aus seinem Lobe habe ich aus seinen Einwänden gelernt. Er kannte die Geheimnisse der Komposition, die für jeden Epiker außerordentlich wichtig sind, er war streng und unerbittlich im einzelnen, ließ aber jedem Menschen seine Freiheit im Großen, versuchte nie ein Werk auf eine Formel zu bringen, sondern dachte nur, als der große Erzieher und der große Kunstfreund, der er war, aus jedem Autor das Letzte herauszuholen, was in ihm lag. Dazu gehörte natürlich sehr viel Liebe, sehr viel Vertrauen, sehr viel männliche Freundschaft. Ich glaube, viele Männer seiner Art leben heute leider nicht mehr.

Bücher, die ungerecht behandelt wurden

Ich kann nicht sagen, daß eines meiner Bücher besonders »ungerecht« behandelt worden wäre. Ich frage mich, ob ich überhaupt Grund habe, mich ungerecht behandelt zu finden. Tatsache: Ich habe neun Romane, zwei Dramen, viele Erzählungen, einen Gedichtband, einen Band Essays, »Das Unverlierbare«, im Verlauf von fünfzehn Jahren veröffentlicht. Ergebnis: Ich bin den meisten Lesern, auch solchen, die sich für die neuere deutsche Literatur interessieren, völlig unbekannt und werde oft gefragt: »Unter welchem Namen schreiben Sie?« Die Kritik nimmt mich jetzt viel weniger ernst als bei meinen Anfangswerken, keine Zeile von mir ist in eine Weltsprache übersetzt trotz vieler Versuche, dies zu erreichen. Drei (mir) wichtige Werke, die Romane »Tiere in Ketten«, »Nahar«, »Mensch gegen Mensch«, sind seit Jahren bis auf das letzte Exemplar vergriffen. Eine Neuauflage ist nicht durchzusetzen. An meinem letzten Werke, dem Roman »Boëtius von Orlamünde«, arbeitete ich drei Jahre. Abgesetzt wurden, trotz billigen Preises, hervorragend schöner Ausstattung und guter Propaganda meines Verlegers S. Fischer, nur 1200 Exemplare.

Trotzdem fühle ich mich nicht ungerecht behandelt. Ich habe das Beste gegeben, das ich geben konnte, habe nie auf Aktualität, Konjunktur hin geschaffen. Kann ich dafür, daß sich die große Masse nicht dafür interessiert, und könnte ich wirklich so töricht oder so größenwahnsinnig sein, jemandem daraus einen Vorwurf zu machen und zu sagen: Mir geschieht Unrecht? Ich empfinde es als großes Glück, als besonderen Ausnahmefall des Schicksals, daß ich ausdrücken darf, was mich im Inneren bewegt, daß ich Gestalten, Menschen, Seelen schaffen kann, in denen mein besseres Teil fortlebt. Und da soll mich mangelnder Applaus stören? Ich könnte höchstens an mich selbst die Frage stellen, ob ich dieser Zeit gerecht geworden bin, ob ich mich nicht zu sehr von den Problemen abgeschlossen habe, die mit dieser Zeit geboren sind und mit ihr vergehen. Meine Wesensart, die dem »Unverlierbaren« sich zuneigt und gewiß düsterer ist, als es unsere sehr nach Optimismus dürstende Epoche verträgt, ist für ein solches geistiges Dasein nicht sehr empfänglich. Auf Resonanz, auf tiefere Anteilnahme selbst eines *numerisch kleinen* Leserkreises habe ich in den letzten, schweren, aber sehr klärenden Jahren verzichten gelernt. Verzichten gelernt ohne ein Gefühl der Verbitterung. Das »Müssende« mit Freude zu tun ist das beste, weil einzige, das zu tun übrigbleibt. Hat man die Gemeinschaft nicht gefunden, so heißt es die Einsamkeit tapfer ertragen und sich nicht über mangelndes Wohlwollen bei den Menschen beklagen.

Dabei habe ich doch Freunde getroffen, und zwar, was ich nie erwartet hätte, in meinen Verlegern, die mir diese wenig einträgliche Art meines Schaffens durch ihre Großzügigkeit ermöglichen. Jahre hindurch der Verlag Ullstein und jetzt S. Fischer. Solange ich noch *einen* Menschen von dieser Art finde, der an mich glaubt und der mir diesen Glauben durch Rat und Tat beweist, werde ich mich zu den glücklichsten unter den Dichtern zählen.

Ernst Weiss, Die Feuerprobe [Selbstanzeige]

Die Keimzelle des Werkes waren zwei Zeitungsnotizen, die ich zufällig in einem Morgenblatt fand. Die eine meldete, daß man ein verlassenes Kind in den Straßen Berlins (zur Inflationszeit) aufgegriffen habe, die andere erzählte von einem Brande im Zentrum Berlins. Es war eine Zeit, in der nichts mehr sicher war, nichts mehr fest stand, alles wankte – weshalb sollte dann die Identität eines Menschen »sicher« sein, weshalb sollte man Wirklichkeit und Traum voneinander haarscharf scheiden können, wenn die Wirklichkeit zu erkennen und sich ihr unterzuordnen über die Kräfte des einzelnen ging und der Traum mit seinen überwirklichen Einzelheiten alles verwirrte. Das Chaos ist geblieben, wir haben nur jetzt erst gelernt, es zu erkennen. Es wird erlebt von einem Mann ohne Namen, der sich ohne Erinnerung an sein früheres Dasein in einem schmutzigen Winkel im Innern Berlins auffindet. Aus dem Chaos soll er zur Klarheit kommen, aus seiner völlig von Gott und Mensch verlassenen Einsamkeit soll er sich in das Nebeneinanderleben und -wirken einfügen. Was in seiner (meiner) Seele gewalttätig, vulkanisch zerstörend ist, soll genesen; der namenlos sein Leben neu Beginnende soll heroisch der unentrinnbaren Wirklichkeit ins Auge sehen, ungeblendet, unverblendet. Er soll alles sehen, was einem geistigen Manne des Jahres 1929 sichtbar ist – auch das Schwerste, und soll nicht verzweifeln, weil Verzweiflung zu leicht, zu billig ist. Das ist die Probe, auf die jeder einzelne gestellt wird und die er bestehen muß um den Preis seines ganzen Daseins. Das Feuer ist nicht nur die rein persönliche Leidenschaft, die Liebe zu einer schönen Frau ohne Güte – das Feuer geht weiter, auch der Unschuldige leidet, auch die Sterne des Weltalls brennen, und der schuldige Mann, der dies alles nur allzu klar erkennen muß, wird nicht wissen, wo er sein Haupt zur Ruhe betten soll, wo er mit der Arbeit seiner Hände beginnen kann, wo er seinen Frieden findet bevor er sich nicht bewährt hat. Ich habe dies nicht in lyrischen Exklamationen darzustellen versucht, sondern so nüchtern, so handgreiflich überzeugend wie nur möglich. Ich habe unbarmherzig auch mich selbst geschildert – vielleicht ist etwas von dieser Unbedingtheit auch in das Werk übergegangen.

Notizen über mich selbst

In einem Alter, da die meisten Menschen an die Zukunft der Ihren denken müssen, bin ich allein.

Von meiner Heimat lebe ich weit entfernt. Ich besitze kaum etwas und strebe nicht nach irgendwelchem Besitz. Ich habe Zeit, mich auf einen würdigen Abgang vorzubereiten und mich im übrigen ganz meiner Arbeit zu widmen.

Diese Arbeit, die zu leisten ich mir vornehme, ist sie das Werk eines Romanschriftstellers, sind es philosophische Abhandlungen oder aber politische Essays? Versuche ich, das Zusammenspiel der augenblicklichen politischen und sozialen Strömungen zu erfassen, oder suche ich im Gegenteil nach einem Ort, wo ich mich dauerhaft niederlassen kann?

Ich muß vorausschicken, daß ich in meiner Jugend niemals den Ehrgeiz hatte, Schriftsteller zu werden. Ich habe Medizin studiert und mehrere Jahre praktiziert. Die exakte Seite der Medizin, der Naturwissenschaften und der Chirurgie haben mich immer besonders angezogen. Ich war in verschiedenen chirurgischen Kliniken Assistent und habe am Krieg vom ersten bis zum letzten Tag als Militärarzt in der österreichischen Armee teilgenommen. Nach dem Krieg konnte ich meinen Beruf nicht mehr ausüben. Mein Geburtsland gehört heute zur Tschechoslowakei. Ich kann jedoch kein Tschechisch und mich meinen gegenwärtigen Landsleuten nicht verständlich machen. Also muß ich mich damit abfinden, in Berlin im Exil zu leben.

Darüber hinaus wurde meine Gesundheit vom Krieg so erschüttert, daß ich heute der großen körperlichen Anstrengung, die die Chirurgie erfordert, nicht mehr gewachsen bin. Außerdem habe ich einen anderen Beruf, einen Beruf, den ich nie angestrebt habe. Ich hatte nicht im geringsten den Wunsch, Schriftsteller zu werden. Wenn ich es geworden bin, dann beinahe gegen meinen Willen, was sich folgendermaßen erklärt: Im Jahre 1910 war ich als Assistent des großen Chirurgen Theodor Kocher in Bern. Inmitten der anderen jungen Ärzte hielt ich mich immer in der Nähe des berühmten Lehrers, durfte ihm assistieren, die Kranken untersuchen, nur er allein jedoch operierte. Kocher lebte seit seiner Kindheit in Bern. In dem Jahr, als ich sein Assistent war, erhielt er den Nobelpreis. Viel eher als ein strenger Vorgesetzter war er mir ein väterlicher Freund. Er war einer der größten Geister, deren sich die Medizin rühmen kann, und zugleich ein Arbeiter von einer beinah unfaßbaren Tatkraft. Er schlief nicht mehr als vier bis fünf Stunden in der Nacht, und jede Minute seines Arbeitstages war mit Konsultationen ausgefüllt. Aus Amerika und Rußland kamen die Menschen, um diesen kleinen, hageren, ergrauten Mann um Rat und Hilfe zu bitten, der ein sehr gepflegtes Äußeres hatte, einen langgestreckten Kopf, muskulöse Hände und von seltener Beweglichkeit war. Aber was bei diesem alten Arzt besonders auffiel, das war sein Blick.

Man sagt, es gebe zwei Sorten von Menschen, solche, die eher die Außenhaut der Dinge sehen, und andere, die deren Skelett wahrnehmen. Kocher vereinigte in sich diese beiden Fähigkeiten: Mit einem einzigen Blick erfaßte er das Äußerliche, und der Körper des Kranken hatte für ihn kein Geheimnis mehr; gleichzeitig drang sein Blick in die tieferen Ursachen vor, denn er hatte, was bei einem Chirurgen selten der Fall ist, eine Diagnosefähigkeit von ausgezeichneter Sicherheit.

Noch eine andere sehr entscheidende Eigenschaft kam hinzu: eine ruhige und sichere Willenskraft, eine unerschütterliche Gelassenheit bei der Arbeit. Die präzisen Operationsmethoden, die er befürwortete, sind heute in der ganzen Welt maßgeblich, und dennoch hatte Kocher immer nur eine kleine Klinik von sehr unscheinbarem Äußerem. Alles, was ihn umgab, war immer einfach, bescheiden, armselig beinahe. Überfluß herrschte nur in seinem Genie, das fast alle Zweige der Chirurgie umfaßte: Diagnose wie Therapie. Man wundere sich nicht, wenn ich mich so ausführlich über die Gestalt meines alten Lehrers äußere; er ist es, dem ich das Bewußtsein für meine Bestimmung zum Schriftsteller verdanke. Auch hierin unterwies er mich. Er ließ uns Krankengeschichten abfassen; es gab für ihn keinen einfachen Fall, da er nichts in der Medizin für belanglos hielt. Deshalb brachte er uns bei, Schlüsse aus unscheinbaren äußeren Details zu ziehen und diese keineswegs zu vernachlässigen, sondern sie so darzulegen, daß noch nach zwanzig Jahren bei der Lektüre des knappen Berichts die Entwicklung der Symptome nachvollziehbar bliebe. Wir mußten in diesen Berichten drei Arten von Beobachtungen anstellen: 1. Beschreibung der pathologischen Symptome: typische und außergewöhnliche Symptome; 2. Stellen der Diagnose: genaue Ursache der Schmerzen, Grund der Störungen usw.; 3. Schilderung des Operationsverlaufs. Keine Phrasen, nichts, was zu Illusionen Anlaß gäbe, sondern die peinlich genaue Darstellung der Tatsachen. Es war eine harte Schule. Aber mein Leben ist immer hart gewesen, wenngleich es oft glücklich war.

Kocher hatte zwei Tage in der Woche für seine Privatpatienten reserviert. Da die Klinik klein war, gab es an diesen Tagen für mich nicht genug zu tun. Ich ging also mittwochs und samstags in die Stadt. (Die Klinik, unter dem Namen »Inselspital« bekannt, liegt etwas außerhalb der Altstadt von Bern). Ich besuchte dort regelmäßig ein Cafe an einer großartigen Brücke über den Fluß, und dort begann ich zu schreiben. Um genau zu sein, es war so, als ob eine Kraft in mir schriebe. Wie ich sonst meine Krankengeschichten und Operationsprotokolle verfaßte, schrieb ich an jenen Tagen einen Roman, den ich innerhalb einiger Wochen fertigstellte und »Kleine Flammen« nannte. Er ist in dieser Form niemals erschienen. Die Hauptfigur ist ein verkommener, zum Bordellbesitzer herabgesunkener österreichischer Offizier. Er hat eine ihm mit Leib und Seele verfallene Geliebte, die er mit in seine Verkommenheit reißt. Diese Figur ist einige Jahre später in meinem Roman »Tiere in Ketten« wieder aufgetaucht. Auch ist mir heute klar, daß es jener große Arzt und Wissenschaftler war, der mich so weit brachte, meine Beobachtungen an der Seele des Menschen und den Geschicken des Individuums in eine nüchterne Form zu bringen, die sich auf das Wesentlichste beschränkt.

Ich sagte eben, daß der Held meines ersten zu Ende geführten Versuchs in einem späteren Werk wieder aufgetaucht ist. Das ist ein Beleg dafür, daß ich mich von dieser Figur nicht lösen konnte. Und doch begann ich mit diesem Roman erst viel später, Anfang 1914. Er erschien erst nach dem Ende des Krieges. Alles schien darauf hinzudeuten, daß ich von da an diese Gestalt ruhen ließe. Es wurde nichts daraus. Zwei Jahre später, als der Roman vergriffen war, habe ich mich ihrer aufs neue bedient, um das Buch neu zu schreiben.

Wir, ich meine die Menschen meiner Generation, haben im Krieg zu viele Scheußlichkeiten aus zu großer Nähe gesehen – ich bin ihnen als Militärarzt zu nahe gewesen, um an unseren Vorkriegsvorstellungen von der Wirklichkeit, vom Leben und dem Schicksal des Menschen festzuhalten. Jene ungeheuer gründliche Wirkung des Krieges, die gewaltige Veränderung und Umwälzung des Lebens wurden erst einige Zeit später spürbar.

Wir konnten unsere frühere Ruhe nicht wiederfinden. Die Welt war uns mit einem Schlag rätselhaft und chaotisch geworden. Wir gaben uns nicht mehr mit jener Form von Realismus zufrieden, die mich mein Lehrer mit seiner Disziplin beim wissenschaftlichen Schreiben gelehrt hatte. Ich sage mit Absicht wir, nicht ich. Jene grauenhaften Kriegsjahre hatten die Menschen einander angenähert, und das »wir« kam uns spontan über die Lippen. In dem entsetzlichen Grauen verbrüderten sich die Herzen. In einer Art Panik gehorchten wir einem enormen Bedürfnis nach Wärme, nach hastigen Umarmungen, denn wir fühlten uns unfähig, jene Umwälzung in gedämpftem und maßvollem Ton zum Ausdruck zu bringen. Ohnmächtig waren wir. Als wir in den Krieg zogen, waren wir zu alt, um die Erinnerung daran im Dunst des nationalistischen Rausches zu ersticken. Wir hatten zuviel gesehen, wir wußten zuviel. Der Rausch der Verzweiflung konnte uns nicht zu Kopf steigen, dafür waren wir zu reif. Nicht reif genug freilich, um das unbeschreibliche Chaos einfach für das zu nehmen, was es war, es zu leben und hinzunehmen, da es nun mal sein mußte. Der Erstgeborene unter uns, der große Romanschriftsteller Thomas Mann, konnte es, er allein war weise genug. Er hat sich nicht von den Wegen seiner Kunst abbringen lassen, hat nicht von der Frucht des »Expressionismus« gekostet. Wir jedoch, die junge Generation, hatten uns darin verbissen. Und es konnte nicht anders sein. All das, was der Lehrling des Wissenschaftlers, der Schüler von Theodor Kocher, sich bis dahin verboten hatte, ging im Expressionismus auf: romantische Emphase, religiöse Exaltation, Idealistenträume, die Utopie einer großen, aber wirklichkeitsfernen Brüderlichkeit unter den Menschen, die Idee einer allgemeinen Seelenreinigung, die verführerische Illusion von irgendeiner göttlichen

Aufgabe, die diesem irdischen Tal der Tränen (und welchem Tal der Tränen in den Inflations-jahren!) übertragen sei. Mein erster Roman »Die Galeere«, nach den »Kleinen Flammen« im Jahre 1910 verfaßt und 1912 veröffentlicht, war ein vollendetes Ganzes. Er näherte sich auf eine Weise dem wirklichen Leben, daß er auch heute, nach zwanzig Jahren, noch lesbar ist, und es ist bekannt, daß für einen modernen Roman die ersten zwanzig bis fünfzig Jahre die entscheidenden sind. Aber was ich in jener Nachkriegszeit geschrieben habe: expressionistische Gedichte, Hymnen auf die menschliche Güte und jenes Drama der Brüderlichkeit, von der ich träumte, in russischem Gewand (ein Zeichen der Zeit) mit dem Titel »Tanja« – all das ist nur vor dem entsetzlichen Chaos jener Zeiten zu erklären.

Wir hatten also unsere literarische Entwicklungskrise nicht mit achtzehn, sondern mit acht-undzwanzig Jahren. Und die Heilung davon war nicht einfach.

Sie kam dennoch zwangsläufig. Vor allem Thomas Mann habe ich nach dem Tod von Moritz Heimann, dem verdienstvollen Lektor des S. Fischer Verlags, zu großen Teilen meine neue Ori-entierung zu verdanken. Er konnte mir mit väterlichem Wohlwollen zeigen, daß ein expressioni-stischer Roman ein Widerspruch in sich ist und daß es zwischen Expressionismus und Roman zu wählen galt. Was sollte ich tun? Wir kehrten zu einer einfachen, unlyrischen, gewissermaßen indirekten Darstellung der Tatsachen zurück. Wir hatten unsere Lehrzeit noch einmal zu absol-vieren, noch einmal Debütanten zu werden, mit allem von vorn zu beginnen. Unser Blick mußte vorstoßen bis auf den Grund der Wirklichkeit, doch mußten wir deren Skelett nicht aus der psychologischen Analyse heraus entwerfen, sondern vielmehr das Fleisch zeigen, das lebendige, daraufgespannte Fleisch. Unter den französischen Malern, die ich sehr liebe, habe ich Renoir immer bewundert. Vielleicht, weil er in krassem Widerspruch zu meiner düsteren Welt und mürrischen Natur steht und mir ebendeshalb beneidenswert erscheint. Zweifellos hat Renoir nie aufgehört, er selber zu sein; man denke sich einen Renoir, der in der Mitte seines Lebens durch den Expressionismus und den Futurismus geht und anschließend unsicher umhertappt, um seinen eigenen Weg wiederzufinden. Eben das mußte ich tun, mußte versuchen, wieder auf meinen Weg zu gelangen. Und das in einer Zeit, die chaotisch war und es blieb, die nicht wußte, was sie wollte, kein Ideal mehr kannte und in der selbst die bestehenden Werte erschüttert waren. Etwas hat mich gerettet. Man mag sagen, was man will: ich habe gefühlt, habe gelitten, habe geliebt. Natürlich existierte 1932 weder absolute Wahrheit noch absolute Liebe. Aber es war die Unfähigkeit zu glauben, die mir die Liebe geschenkt hat. Hätte ich mehr glauben können, so wäre ich weniger zur Liebe fähig gewesen. Liebe ist die einzige Kraft, die einen Menschen wie mich wieder an das Leben binden kann. Aber was sollte ich lieben? Welcher Gegenstand, welches Geschöpf vermochten Anspruch auf meine Liebe zu erheben, wenn nicht Gott und die höchste Weltordnung, an die zu glauben mir jedoch nicht mehr gegeben war. Dennoch war es ebenso unmöglich, sich hinter Skeptizismus und Ironie zu verstecken, sich in die Verbitterung zurückzuziehen, unmöglich war es zu sagen: »Menschen, Nationen, Personen, nichts verdient meine Liebe. Nur keine Liebe!« Man mußte immer wieder sein Herz an Menschen, an Ideen hängen, sogar als man sich Illusionen nicht länger gestatten durfte.

So kam es, daß jene große, niemals verloschene Liebe, die ich für die Gestalten meines Ro-mans empfand, mich 1928 ein drittes Mal zu ihnen hinführte; ich sah sie wieder, nahm sie erstmals richtig wahr. Ich entdeckte an dem Helden der »Tiere in Ketten«, an diesem unan-ständigen, gemeinen, fetten und häßlichen Zuhälter neue Züge. Ich bemerkte in ihm eine iro-nische Seite, den skeptischen Humor eines Menschen, der an der Welt verzweifelt und seine Hoffnungslosigkeit hinter einem bitteren, ansteckenden Hohngelächter verbirgt ... Ich werde hier nicht alle Einzelheiten anführen und will nur darauf hinweisen, daß ich bei der Arbeit an dieser dritten Fassung des alten Romans, der vierten Neuauflage meiner Figur, große Freude empfand. Ich hatte inmitten dieser Wesen sozusagen eine Heimat gefunden; wir kannten uns, es waren meine Kinder. Ich fand sogar einen Verleger, der bereit war, diese letzte Fassung eines alten Buches zu veröffentlichen, das nie großen Erfolg gehabt hat. Aber darauf hatte ich es niemals abgesehen. Es ist für einen Menschen ein unermeßliches Glück, wenn er sieht, wie ein Geschöpf, das er in sich trug, schließlich vollständig Gestalt annimmt und mit all der Intensität lebt, nach der seine Einbildungskraft strebt. Ich habe beinahe zur gleichen Zeit auch einen anderen meiner Romane, die »Feuerprobe«, einer völligen Umarbeitung unterzogen, indem ich mich bemühte, dieses vielleicht kühne, aber verworrene Buch vom Beginn der Nachkriegszeit in ein Werk umzugestalten, das zugleich ruhiger, tiefer durchlebt und schärfer konturiert sein sollte. Die erste Fassung war das Werk einer schrankenlosen Phantasie gewesen, die zweite hatte an meinem Innersten teilgehabt. Mein verborgenstes Dasein schrieb ich dort nieder. Ich habe vor mir selbst eine Seite meiner Existenz bis in ihre Tiefen und Abgründe offenbart. Natürlich ging ich dabei von einem sehr persönlichen Standpunkt aus, denn ich steckte mit Leib und Seele in einer erschütternden und zerstörerischen Leidenschaft, und es war ohne Zweifel das einzige Heilmittel, diesen in mir verborgenen Grund aus Finsternis und Verwirrung zu Papier zu bringen.

Es folgten harte Jahre der Vorbereitung bis zu meinem letzten Roman, den ich 1930 schrieb: »Georg Letham, Arzt und Mörder«. Ich hatte den Helden jahrelang durch Liebe und Angst mit mir herumgetragen; lange bevor ich zu schreiben begann, kannte ich diesen Mann, sein Verbrechen und seine Sühne. Als ich nach Überwindung einer schwer beschreibbaren Zaghaftigkeit den ersten Satz vor mir hatte, brachte ich dieses Buch von sechshundert Seiten in drei Monaten beinahe ohne jede Korrektur zu Ende.

Ich wünschte, mein ganzes Leben verliefe so wie diese drei Monate, die voll fortgesetzter Begeisterung für die Arbeit waren. Weil das unmöglich ist, führe ich ein so mühseliges Leben. Ich sagte, daß ich weder den Wunsch nach Besitz noch einen Sinn für Luxus habe; mein Ehrgeiz gibt sich mit wenig zufrieden. Ich habe weder Frau noch Kind. Jedoch könnte mir die Arbeit all das ersetzen, eine Arbeit ununterbrochenen Schaffens, Tag für Tag, Jahr für Jahr. Es kann wohl sein, daß ich als junger Mann empfunden habe, nur ein bürgerlicher Beruf, Arzt, Lehrer, Beamter, Handwerker könne diese ununterbrochene Tätigkeit gewährleisten. Das Leben eines Chirurgen – ich habe das meines verehrten Lehrers gesehen und ihn darum beneidet – läßt keinerlei Rast zu. Jeden Morgen gibt es neue Aufgaben. Die Sorgen eines solchen Berufs sind nur zur Hälfte eine Belastung, sie sind auch eine Stütze. Eine tägliche, wirkungsvolle Tätigkeit hilft über alle Schwierigkeiten, alle Enttäuschungen hinweg, nur sie gibt uns Bindungen und Verwurzelung.

Aber was sollte ich aus meinen Kräften machen? Man fühlt die Unzulänglichkeit des eigenen kleinen Ichs, des eigenen Ehrgeizes und des Strebens nach Broterwerb. All das kann und darf ein Leben nicht ausfüllen. Man möchte am Leben der Gemeinschaft teilhaben, die eigene Person in einem großen Ganzen aufgehen sehen. Jedoch, der Heimat beraubt, bin ich damit auch von jeder politischen Aktivität ausgeschlossen. Von einigen seltenen Ausnahmen abgesehen, habe ich niemals jemanden durch Zuneigung für mich gewinnen können; meine materielle Lage war niemals ausreichend gut, um ohne große Opfer für den Lebensunterhalt eines anderen Menschen zu sorgen. Auch hätte ich mich vielleicht niemals so unabhängig meinen literarischen Werken und Vorhaben widmen können, wenn ich eine Familie gehabt hätte. Heute arbeite ich ohne Rücksicht auf die Gunst des Publikums, denn der Schriftsteller sollte, scheint mir, niemals auf den Schatten blicken, den er hinter sich wirft. Aber diese Unabhängigkeit, diese äußere und innere Freiheit müssen bezahlt werden, ohne sich über den Preis zu beschweren. Freiheit gibt es nicht ohne Leid, man muß es akzeptieren.

Mit den Jahren breitet sich um mich die Leere aus. Ich lebe noch, fühle, habe Wünsche und Ansprüche. Ich habe keine Angst vor dem Tod, doch ich fürchte sehr die Stunde, wo ich des Lebens überdrüssig und müde sein werde, wo ich nach nichts mehr strebe und an dem, was mich umgibt, nicht mehr den gleichen Anteil nehme wie heute. Noch kann ich keine Zeitung ohne außerordentliche innere Spannung aufschlagen. Das Schicksal des deutschen Volkes, dessen Sprache ich spreche, ohne doch von Geburt Deutscher zu sein, bewegt mich tief. Ich fühle mich verbunden mit der ganzen Welt, als ein Bürger Europas, ich begreife die tragische Größe der Masse und des Individuums. So versucht ein jeder, die geliebte Person nicht aus den Augen zu verlieren. Dieser geliebte Gegenstand, so häßlich und abstoßend er auch sein mag, ist es für mich niemals gänzlich. Man hat mich häufig beschuldigt, die Gestalten meiner Werke seien bösartig, finster und wenig anziehend. Für mich waren sie das nie. Es gibt unter all den Personen in meinen Büchern nicht eine einzige, die ich nicht geliebt hätte. Keine habe ich mit einer verächtlichen Geste oder aus ironischer Sicht entworfen.

Einsamkeit, Entwurzelung – beides hat ohne Zweifel schwer auf meinem Leben gelastet. Ich konnte dafür nichts, mußte versuchen, das eben Mögliche aus meinem Leben zu machen. Ich bin auf eine ähnliche Problematik in dem Helden meines letzten Buches »Georg Letham, Arzt und Mörder« gestoßen. Welcher Nation sollte er angehören? Woher sollte dieser seltsame Mensch stammen? Während sonst in meinem Buch auch das unscheinbarste Detail mit einem Höchstmaß an Präzision und Genauigkeit dargestellt ist, wird allein die Nationalität des Helden stillschweigend übergangen. Ebensowenig wie ich hat er eine richtige Heimat. Gewisse Schriftsteller haben sich bemüht, den Verfall des alten Österreichs darzustellen. Auch ich habe mich daran versucht. In der Person jenes schon erwähnten verdorbenen österreichischen Offiziers, der Verwalter eines Freudenhauses wird und aus der Liebe und der Sentimentalität der jungen Mädchen reichlich Kapital schlägt, hatte ich bereits vor dem Krieg die Auflösung jenes politischen Gebildes, jener Heimat der Träumer und Genießer zu beschreiben versucht. Aber ich möchte es heute nicht bei den Symptomen von Verfall und Auflösung bewenden lassen. Ich denke, daß die Menschheit im großen wie im kleinen und in der kleinsten Einzelheit hohe, positive Eigenschaften besitzt. Hat sie sich nicht bewährt in diesen Jahren des übergroßen und sprachlosen Mutes? In meinem letzten Buch wird der Arzt Georg Letham zwar ein Mörder, aber von einem Mörder wird er doch auch zum Arzt; er ist, wenn auch nicht vom Standpunkt der Moral aus, in der Tat ein anständiger Mensch geworden.

Es gibt innerhalb des wunderbar großen Bereichs der Romanform eine Gattung, der ich mich zuwenden möchte, sobald ich in vollem Umfang die nötige Reife und technische Sicherheit erreicht habe: den komischen Roman. Ich möchte eine Figur von abgründiger Komik scharfen, möchte in einer Romangestalt jenen unerklärbaren Humor lebendig machen, den unsere armselige und dennoch großartige menschliche Natur besitzt. Allein der Humor ist zugleich Liebe und Erkenntnis. Einen Menschen verstehen lernen, bis zu seinen verborgensten Fasern vordringen, bis zu seinem Bedürfnis, sich weh zu tun, bis zu seinem unendlichen Wahn, und ihn dennoch lieben, ihn so lieben, daß er Gestalt annimmt, zu laufen, zu sprechen und zu handeln beginnt. Wenn es mir gegeben wäre, ein solches Werk zu schreiben, wäre der innigste Wunsch meines Lebens in Erfüllung gegangen. Aber solche Bücher sind selten. Um ein Werk wie »Don Quichotte« zustande zu bringen, genügt es nicht, zu leben und zu leiden. Man muß sich über das Leben hinausschwingen. Man muß das Leiden mit einem großen olympischen Gelächter übertönen können. Man muß die beiden Seiten der Welt kennen, ihren Sinn und Un-Sinn, ihr Wort und ihren Wortbruch. Man muß das eine wie das andere akzeptieren und sich zugleich Scharfblick und die Fähigkeit zu Kritik und Analyse sowie genügend Liebe bewahren, um seine Gestalt in die Welt zu setzen und ihr Leben zu geben. Dieses Werk erfordert zugleich Männlichkeit und mütterlichen Instinkt. Wenigen werden solche Talente zuteil.

Niemand hat je einen humoristischen Roman geschrieben, wenn er nicht vorher tief erschütternde Stunden durchgemacht hat. In meinem Geburtsland hat ein genialer, aber völlig heruntergekommener und vom Alkohol abgestumpfter Schriftsteller den größten komischen Roman der letzten hundert Jahre geschrieben, ein fast unübersetzbares Werk. Der Autor heißt Jaroslav Hasek, sein Buch »Die Abenteuer des braven Soldaten Schwejk im Weltkrieg«. Kein Denkmal wurde ihm in der Hauptstadt der Tschechoslowakei errichtet, aber die Gestalt des braven Soldaten Schwejk lebt und wird weiterleben. Wer ein solches Werk geschaffen hat, darf mit Recht von sich sagen, er habe nicht vergeblich gelebt.

Aus dem Französischen übersetzt von Sven Spieker

An Willi Bredel

Paris, 20. April 1939

Sehr geehrter Willi Bredel,

ich erfahre zu meiner unliebsamen Überraschung, daß Ihre schöne Zeitschrift »Das Wort« von nun an nicht mehr erscheinen soll. Ich hatte mir gerade jetzt vorgenommen, intensiv an dem »Wort« mitzuarbeiten. Es war doch eine Tribüne, die offenstand für jeden, der den Kampf gegen die faschistischen Mächte des Ungeistes aufnehmen wollte. Nun wird es immer schwieriger, geistig für die gute Sache des Antifaschismus zu kämpfen, während auf der Gegenseite ungeheure Summen und gewaltige Energien aufgebracht werden, um eine schlechte Sache zu verteidigen. Schade. Schade auch deshalb, weil sich im Rahmen Ihrer Zeitschrift die verschiedenen Richtungen zusammenfanden. Es gab solche Kreise, die zwar aus dem bürgerlichen Milieu stammten, aber durch Zeitschriften wie die Ihre auf ganz andere, ihnen noch unbekannte Gebiete und Anschauungen hingewiesen wurden und die Sympathien gewannen für manches, was ihnen bis dahin fremd gewesen war. Man hat mir erzählt, daß die Verhaftung eines Russen namens K. im Zusammenhang stehe mit dem Ende des »Wort«. Ich kann es nicht glauben. Was haben Sie denn mit ihm gemeinsam gehabt? Was ich und so manche, die ehrlichen Herzens für die gute Sache eingetreten sind? Wollte man die Mitarbeit von uns freien Schriftstellern nicht? Sind alle Bestrebungen einer Art geistige Volksfront zu Ende? Geben Sie mir bald Nachricht.

Mit kameradschaftlichem Gruß

Ihr

Ernst Weiß

An F. C. Weiskopf

Paris, 155 av. de Versailles
Regillahotel
18. August 1939
    Lieber Herr Weiskopf!
    Dank für Ihren Brief, der mich eben erreicht hat. Ich habe wiederholt an Sie und Ihre Frau gedacht, es hat mir leid getan, Ihre Adresse nicht zu wissen. Ich bin nicht sicher, ob Bredel mir etwas von einem Manuskript gesagt hat, bitte, schreiben Sie mir doch auf alle Fälle, um was es sich handelt. Manchmal beneide ich Sie, weil Sie nicht unmittelbar in den Höllenstrudel der europäischen Wirrnisse hineingezogen werden. Was aus uns wird im Ernstfall, weiß keiner, ich sehe den Ereignissen aber mit Ruhe entgegen.
    Mein bei der Guild eingereichter Roman (oder vielmehr die erste Skizze, die ich inzwischen ausgearbeitet habe) hat eine sogenannte »Empfehlung« erhalten, und ich habe auf Anweisung der Guild zwei Exemplare an das Guildkomité in London gesandt, das die Manuskripte an irgendwelche Verleger weiterempfehlen sollte. Das dritte Exemplar hat Querido, der sich bis jetzt in Schweigen hüllt. Es handelt sich, wie ich Ihnen wohl schon erzählt habe, um einen Ärzteroman (Psychiatrie), in dem Hitler eine Rolle spielt; er ist nicht die Hauptfigur, aber in gewisser Weise dreht es sich doch um ihn. Ich kann mir schwer denken, daß ein Verlag hier oder in Holland den Mut hat, so etwas zu bringen. Schade, daß Sie nicht hier sind, um mir mit Ihrem Rat beizustehen. Becher schrieb mir, recht freundlich, und ich erhielt vom »Wort« für die nicht gedruckte Novelle etwas Geld, so daß ich auf zehn Tage an die See konnte. Es tat mir gut trotz Regen und Sturm. Er hat mir, ebenso wie Freund Bredel, versprochen, sich für die Honorarzahlung des russischen »Armen Verschwenders« einzusetzen, bis jetzt aber ... Sehr würde es mich freuen zu hören, wie Sie drüben leben, ob Sie arbeiten, Vorträge halten oder bloß beobachten. Ich habe eine Menge guter Bekannter, wie zum Beispiel Marcuse, die hoch und heilig versprochen haben, mir aus Amerika zu schreiben, ebenso ein gewisser K. H. Hirsch, aber ich höre niemals von ihnen. Dagegen scheinen Sie die Tugend der Solidarität zu besitzen. Auch ich versuche sie mir anzueignen, ich bin dem Schutzverband beigetreten, ebenso einer Gruppe oppositioneller Deutscher, die von H. Mann geführt wird. Sie sehen also, Ihr Erziehungswerk ist nicht ganz ergebnislos geblieben. Ich grüße Ihre liebe Frau und Sie besonders herzlich!
    Ihr
Ernst Weiß

An F. C. Weiskopf

Neuilly sur Seine 43, rue de la Ferme,
c.o. Sternberg [Januar 1940]

Meine lieben Freunde!

Ich danke Ihnen sehr herzlich für Ihre Postkarte. Meine Adresse hat sich geändert, weil mein Hotel geschlossen wurde. Ich war schwer krank, wäre beinahe gestorben – habe mich jedoch mit Madame Dr. Flakes Hilfe wieder erholt. Keine Arbeit, sehr wenig Geld, keine Freunde. Viele düstere, hoffnungslose Tage – dennoch ein wenig Hoffnung, nicht für die anarchische und erbärmliche Gegenwart, sondern für die Zukunft, die befreit sein wird von der unerträglichen Tyrannei der Hitlerschen Neobarbaren. Ich habe keine Nachricht von meinen Freunden, ein Teil von ihnen ist in Lagern … Ich freue mich für Sie, denn Sie leben ein beneidenswertes Leben. Paris ist traurig geworden; düster, aber sehr mutig.

Es ist wirklich sehr nett von Ihnen, daß Sie mir behilflich, sein wollen. Sicher, ich hätte das sehr nötig, aber, meine lieben Freunde, was tun? Mir eine literarische Arbeit vermitteln? Mir materiell helfen? Irgendeinen Roman von mir in Amerika unterbringen? … das sind so meine Wunschträume, jedenfalls schreiben Sie mir, zerbrechen Sie diesen Teufelskreis geistiger Isolation, vielleicht retten Sie mich … Landshoff von Querido will eine Reise nach Amerika machen, ich habe Angst wegen der Torpedogefahr … Wie leben Sie? Haben Sie Verbindung mit Ihren Freunden, haben Sie neue Freunde gefunden? Was macht die Arbeit? Ich bin arbeitslos gegen meinen Willen … In der Tschechoslowakei passieren grausame, abscheuliche Dinge, und ich habe meine Familie dort …

Sehr herzlich der Ihre
Ernst Weiß

An F. C. Weiskopf

Paris VI 1bis rue de Vaugirard,
Trianonhotel 10. März 1940

Meine lieben Freunde,

ich danke Ihnen beiden für Ihren Brief vom 6. 1. Ich habe meine Adresse geändert, wohne jetzt im Quartier Latin, wo ich mich wohler fühle als in der Gegend von Neuilly, das außerordentlich traurig und verlassen ist, so wie die Zeiten. Meine Situation ist und bleibt ziemlich ernst, aber mit meiner Gesundheit steht es ein wenig besser als im Winter, der eine Zeit voller Düsternis und höchster Not war und den ich nicht vergessen werde. Ich habe hier keine Freunde und bin sehr glücklich, daß ich Sie beide gefunden habe; schreiben Sie mir ab und zu. Ich bedanke mich für Ihre guten Absichten, einen meiner Romane in Amerika unterzubringen. Aber ich habe es selbst mehrmals mit Stefan Zweigs Hilfe versucht, besonders bei Viking, Mister Huebsch kennt den »Georg Letham« sehr gut und – glaube ich – andere meiner Romane – aber niemals. hatte er die Courage, einen davon in Amerika zu veröffentlichen.

Vor allem gratuliere ich Ihnen, daß Sie Ihre Arbeit fortsetzen wollen und können – für mich war das bisher leider unmöglich, die Ereignisse erschüttern mich – das traurige Schicksal der zivilisierten Welt ist eine unerschöpfliche Quelle der Leiden. Ich glaube an die Zukunft Frankreichs, aber die Befreiung der Welt von diesen totalitären Monstren wird noch nicht morgen sein, und meine Kräfte schwinden – Ihren Roman »Das Slawenlied« habe ich in den Buchhandlungen noch nicht gesehen. Soll ich an Fayard schreiben? Ich habe kein besonders gutes Verhältnis zu ihm, aber man könnte trotzdem schreiben.

Alle guten Wünsche für Sie beide, immer der Ihre
Ernst Weiß

P.S. Es ist sehr wahrscheinlich, daß unser Freund Kesten bald zu einer Vortragsreise nach Amerika kommen wird.

An F. C. Weiskopf

Paris, 27. April 1940

Meine lieben Freunde!

Ich danke Ihnen beiden für Ihren liebenswürdigen Brief, ich hatte tatsächlich einige wirklich freundschaftliche Worte sehr nötig. Ich bin nicht sehr gesund, meine materielle und im selben Grade meine psychische Situation wird allmählich beängstigend. Ich habe mit Hermann K. gesprochen, er hofft, demnächst nach Amerika zu reisen, wahrscheinlich wird er Sie beide bald besuchen. Ich habe ihn gestern bei einem Vortrag von Stefan Zweig über das Thema »Das Wien von gestern« gesehen. Ich freue mich besonders, daß Ihr beider Leben voller Arbeit ist, auch voller Hoffnung und Jugend. Für mich ... jedenfalls wie immer ganz der Ihre

E. W.

*　*
*